I0158234

101 Tipps

Wie werde ich glücklich und emotional erfolgreich?

Aus der Serie:
Erfolgreich im Alltag

Thomas Oberbichler

Wie werde ich glücklich?

Thomas Oberbichler

Hernalser Hauptstraße 45/22

1170 Wien

ISBN: 9783950341188

www.be-wonderful.at

Cover und Coverfoto:© Thomas Oberbichler, be wonderful! e.U.

Lektorat: Christiane Pape
www.wonderful-academy.at

Inhaltsverzeichnis

Vorwort

Dieses Buch ist kein Buch für Leser. Es stimmt zwar, dass bereits das Lesen der 101 Tipps zu einer veränderten Sicht auf die Welt führt und darauf, wie Sie die vielfältigen Möglichkeiten für tägliches Glück in Ihrem Leben neu wahrnehmen. Seine volle Wirkung entfaltet das Buch jedoch im täglichen Tun. Es ist kein Buch für Leser, es ist ein Buch für Macher – mit 101 Möglichkeiten, Ihr Glück selbst in die Hand zu nehmen.

Viele Menschen suchen das Glück noch im Außen. Sie halten Glück für etwas, das „man" hat oder nicht, das vom Schicksal oder Gott zugeteilt wird – oder eben nicht. Andere delegieren die Verantwortung für ihr eigenes Glück an ihre Mitmenschen: den Partner, die Eltern, die Chefin oder den Lehrer der Kinder. Dieses Buch legt ein anderes Modell nahe. Demnach ist Glück zunächst einmal eine Entscheidung. Entscheiden Sie sich für Glück in Ihrem Leben? Da Sie dieses Buch gekauft haben, ist zu vermuten, dass Sie diesen ersten Schritt bereits gegangen sind. Nun bleibt nur noch das Tun. Vielleicht fragen Sie sich jetzt, was Sie überhaupt für Ihr Glück tun können. Diese Frage beantwortet dieses Buch.

Für mich ist dieses Buch ein Glück. Ich habe das Glück dieses Vorwort zu schreiben und damit einer der Ersten zu sein, die das Buch lesen und erfahren, wie einfach die Tipps umsetzbar sind. Außerdem

habe ich das Glück Thomas „Tom" Oberbichler
persönlich zu kennen. Ich verdanke ihm eine Menge.
So habe ich durch ihn eine Fähigkeit wiederentdeckt,
die wir alle schon einmal hatten, als wir Kinder
waren. Irgendwann wurde sie uns abtrainiert –
vermutlich in der Schule, wo wir für den Ernst des
Lebens vorbereitet wurden.

Von Tom Oberbichler ließ ich mich anstecken und
mitreißen und lernte es wieder: hemmungslos,
lauthals und bis zur Erschöpfung zu lachen. So laut
und lange, dass die Umstehenden mit den Augen
rollten, bevor sie sich selbst anstecken ließen: vom
Lachen, ohne ersichtlichen Grund.

Lachen führt bekanntlich zur Ausschüttung von
Endorphinen, den Glückshormonen. Und wenn Tom
nun in einem Tipp schreibt: „Ich lache jeden Tag
mindestens einmal laut", dann wird mir klar, worum
es in diesem Buch geht. Nicht um Theorie, sondern
um Toms ganz persönliche Best Practices –
Verhaltensweisen, die sich bewährt haben und
bewähren, sobald Sie sie anwenden und umsetzen.
Aber nur, wenn Sie eine Macherin oder ein Macher
sind – und sich für Glück in Ihrem Leben
entscheiden.

Christian Obad

Unternehmer, Unternehmerberater und Philanthrop

Worum geht es im Leben? Wer ist verantwortlich für meine Gedanken, Gefühle, Handlungen? Was ist Erfolg? Wie fühle ich mich gut?

Das sind Fragen, die Sie sich oft stellen, Fragen, bei denen es um die Qualität Ihres Lebens geht.

Das sind Fragen, mit denen ich mich selbst täglich in meinem Leben und in meinen Büchern beschäftige.

Mit den Antworten, die ich gefunden habe und die ich immer weiter finde, habe ich mich zu einem glücklichen Menschen gemacht.

Ich bin emotional erfolgreich: Ich bin gesund und fit, ich mache jeden Tag die Dinge, die ich gut und gerne tue, ich lebe, lache und reise gerne und viel, bin neugierig und verliebe mich immer wieder aufs Neue – ins Leben und in meine wunderbare Frau, Chris Pape, mit der ich seit mehr als 20 Jahren als glückliches Liebespaar durch die Welt gehe, lebe und arbeite. Mit ihr gemeinsam helfe ich Menschen ihren Anspannungstiger zu zähmen, zu mehr Lebensfreude zu finden und ihren schönen Traum zu leben. Ich lebe, schreibe und coache in Wien, in Frankreich am Genfer See und auf Teneriffa.

Ich liebe es zu schreiben – Blogartikel, Geschichten, Gedichte, Bücher – und ich unterstütze Menschen als Schreibcoach dabei, emotional erfolgreich zu schreiben und zu leben.

Ich lebe das Leben meiner Träume und es ist traumhaft schön.

Ich werde oft gefragt: „Wie machst du das Tom, du bist immer so gut gelaunt?" „Was ist dein Geheimnis, das dich so glücklich sein lässt?"

Ich könnte jetzt gleich hier und kurz und bündig sagen: Ich habe die Verantwortung und Kontrolle über meine Gedanken, meine Gefühle, meine Handlungen, mein Verhalten übernommen.

Nein, ich bin nicht in jedem Augenblick glücklich, auch ich erlebe unangenehme, schlimme und tief traurige Momente.

Und ich verweile nicht in solchen Stimmungen.

Schritt für Schritt ins Paradies von der deutschen Politrockband Ton-Steine-Scherben war ein Lieblingslied von mir und Schritt für Schritt zum Glück und eben auch zu den guten Gefühlen lebe ich.

Auf der Grundlage von NLP (Neuro-Linguistisches Programmieren), Hypnose und Dialektik teile ich meine Erfahrungen und Kenntnisse mit den Lesern und Leserinnen meiner Bücher. Manchmal mit Gedichten, dann mit Geschichten, Trancen, Gedankenexperimenten und praktischen Übungen, immer voller hypnotischer Sprachmuster.

Hier in den „101 Tipps Wie werde ich glücklich und emotional erfolgreich?" stelle ich Ihnen 101 Tipps, 101 Verhalten vor, die ich selbst anwende und die Teil meines Erfolgsgeheimnisses sind, das ich gerne mit Ihnen teile.

Denn Lebensfreude und Glück sind zwei Wunder, die immer größer werden, je mehr wir sie teilen! Ich bin ein Genießer - glücklich leben in einer Welt voller glücklicher Menschen ist meine Vision, das ist der Inhalt meines Lebens.

Deshalb gebe ich Ihnen diese Tipps.

Sie bekommen

keine Erklärungen,

keine Geschichten,

keine Übungen,

keine Gedankenexperimente.

Sie bekommen Tipps, die Sie jetzt sofort und jederzeit anwenden.

Es stehen Ihnen so viele Türen offen:

Sie können die „101 Tipps Wie werde ich glücklich und emotional erfolgreich?" in einem durchlesen und sich selbst damit überraschen, welchen Tipp Sie als erstes umsetzen.

Sie können die „101 Tipps Wie werde ich glücklich und emotional erfolgreich?" einzeln lesen und jeden Tipp einzeln testen.

Was ich Ihnen hier anbiete, sind 101 Verhalten, die mich emotional erfolgreich machen. Und eines ist sicher: Sobald Sie sich jeden Tag einen oder mehrere dieser Tipps nehmen und dieses Verhalten eine Stunde lang oder länger anwenden, haben Sie nach einem Jahr ein neues Leben.

Das Leben ist ein großes Feedbackmodell.

Sie sind, Sie denken, Sie fühlen und Sie handeln. Dann bekommen Sie Rückmeldungen und setzen Ihr erfolgreiches Verhalten fort oder ändern Ihr Verhalten, falls es Sie nicht nach vorne gebracht hat.

Ich teile noch gerne mit Ihnen, was für mich meinen emotionalen Erfolg ausmacht:

Ich tue den ganzen Tag Dinge, die ich gerne und mit Begeisterung tue. Ich habe EIN Leben und die Trennung in Beruf, Freizeit, Urlaub ist für mich nur eine Erinnerung.

Ich lebe und arbeite mit einer wunderbaren Frau und Partnerin an wunderschönen Orten.

Ich liebe meinen Körper und bin fit, gesund, schön und voller Tatendrang.

Ich bin umgeben von positiven Menschen, die ich mag und die mir wohlgesonnen sind.

Ich weiß, dass ich selbst – egal, was geschieht – mir in jeder Situation – Schritt-für-Schritt – bessere Gefühle machen kann.

Ich habe die volle Verantwortung für mein Leben,

mein Denken, mein Fühlen, mein Handeln.

Interessiert?

Sind Sie bereit?

Ich wünsche Ihnen viel Neugierde, Freude und Begeisterung für Ihr Leben und beim Umsetzen der „101 Tipps Wie werde ich glücklich und emotional erfolgreich?"!

Sie haben mit Ihrer Geburt das Recht auf ein wunderschönes Leben erworben. Nehmen Sie es sich jetzt!

be wonderful!

Thomas „Tom" Oberbichler, St. Gingloph 2013

Tipps 1 – 10

Tipp 1

Ich dusche mich nach jedem Duschen zum Abschluss kurz und knackig kalt ab und schenke mir Spannkraft und stärke meine Abwehrkräfte.

So eine Minute lang gönne ich mir das. Ich denke dabei gerne an Sebastian Kneipp und freue mich, dass ich Verkühlungen nur mehr als vergangene Erinnerung kenne.

Tipp 2

Ich trinke jeden Tag 2 Liter stilles Wasser oder mehr.

Diese Logik ist für mich eindeutig: Menschen bestehen zu mehr als 70 % aus Wasser – auch das Gehirn übrigens. Wasser ist das beste Lösungsmittel, das es gibt. Also fülle ich regelmäßig nach und spüle mich gut durch.

Tipp 3

Ich mache 5 – 6 Mal die Woche Bewegung und Sport.

Ich habe langsam begonnen und steigere mich kontinuierlich. Zuerst habe ich mir 20 Minuten Gymnastik oder laufen geschenkt, jetzt bin ich bei 1 – 1,5 Stunden.

Tipp 4

Ich setze mich zum Essen jedes Mal hin.

Ja, ich nehme mir die Zeit. In Ruhe und entspannt essen macht mich schlank und gut gelaunt.

Tipp 5

Ich schaue mich jeden Tag in den Spiegel und lächle mir liebevoll zu.

Meistens mache ich das gleich in der Früh, beim Zähneputzen und gerne gönne ich mir auch noch eine Dosis unter Tags. Als Höhepunkt dann auch schon mal nach dem Duschen mit Ganzkörperspiegel.

Tipp 6

Ich suche und finde die Nähe von positiven Menschen, die mir wohlgesonnen sind.

Es gibt so viele Wege, um diese Nähe herzustellen, ein Anruf, eine Mail, ein Chat, ein Skype- oder Facetimegespräch, ein Treffen, gemeinsame Aktivitäten. Ich schätze alle und nutze sie je nach räumlicher Nähe und Terminplanung, denn die Menschen, mit denen ich Raum, Zeit und Energie teile, sind mitentscheidend für meine Lebensqualität.

Tipp 7

Ich mache jeden Tag mindestens einmal eine Atemübung.

Am liebsten diese: Ich atme tief durch die Nase ein (und zähle bis 4), halte die Luft kurz an (und zähle bis 12) und atme dann durch den Mund vollständig aus (und zähle bis 8). Dieses Verhältnis 1:3:2 behalte ich bei und ändere die Länge. Diese Übung habe ich von Tony Robbins übernommen und schenke mir mit ihr zusätzliche Energie.

Tipp 8

Ich öffne meine Augen beim Aufwachen erst, sobald ich lächle.

Das ist so. Oft wache ich schon mit einem Lächeln im Gesicht auf, falls nicht, dann lächle ich. Vorher öffne ich meine Augen nicht und stehe auch nicht auf. So schenke ich mir jeden Tag einen guten Start in den Tag und ich weiß, sobald ich für 20 Sekunden oder mehr lächle, setze ich die guten Botenstoffe und Neuro-Transmitter frei.

Tipp 9

Ich habe mir einen Erfolgsordner angelegt, trage ALLE meine Erfolge ein und lese regelmäßig darin.

Sobald ich ein Ziel erreicht habe, einen Meilenstein erreicht habe, eine positive Rezension, eine Rückmeldung per Mail, auf facebook oder auf anderen Wegen erhalte, drucke ich sie aus, manchmal, etwa bei einem Anruf oder Erfolgen, wie einer neuen Bestleistung beim Laufen, schreibe ich sie mir auch selbst auf. Ich sammle meine Erfolge sowohl in meinem virtuellen Erfolgsordner als auch ausgedruckt und eingeordnet in meinem physischen Erfolgsordner. Ich blättere und lese in beiden regelmäßig und freue mich.

Tipp 10

Ich verbringe jeden Tag mindestens 30 Minuten an der frischen Luft.

Mit frischer Luft meine ich im Freien. Am liebsten mag ich es, wenn es ein Spaziergang am See oder Meer ist, manchmal kombiniere ich das mit meinem Bewegungsprogramm und gehe Laufen. Ich mache das bei jedem Wetter und nie kürzer. Natürlich passe ich meine Kleidung dem Wetter an - an die frische Luft gehe ich in jedem Fall. Auch wenn es einmal eine Runde um den Block in der Stadt ist.

Tipps 11 – 20

Tipp 11

Ich mache jeden Tag mindestens 2 Menschen ein Kompliment – einer davon bin ich selbst.

Komplimente machen macht mir unheimlichen Spaß, meistens sind es mehr als zwei Menschen am Tag. Bei meiner Frau ist das ganz leicht, sie ist so toll und ich beobachte sie so gerne, wie sie lebt und tut, dass mir ständig neue Seiten an ihr auffallen, über die ich mich begeistere und ich freue mich auch jedes Mal schon bekannte Wunder wieder zu entdecken. Bei mir selbst war es ein Trainingsprozess, das fühlte sich zu anfangs etwas seltsam an, jetzt genieße ich es unheimlich, mir schöne Dinge über mich zu sagen – und zwar auch laut. Der Rest variiert, mal eine Kassiererin im Supermarkt, ein Kellner im Kaffeehaus, ein Freund, eine Freundin auf facebook. Komplimente machen ist einfach Klasse. Ich freue mich, die anderen freuen sich, ich freue mich wieder, das ergibt eine wunderbare Spirale der guten Gefühle.

Tipp 12

Ich erinnere mich jeden Tag an eine schöne Situation in meinem Leben.

Die Zeit nehme ich mir immer. Mal kürzer, mal länger. Falls ich mit einem lieben Menschen zusammen bin, erinnere ich mich gern an gemeinsame schöne Erlebnisse, ich reise auch gerne einfach mit mir in die Vergangenheit und suche mir eine schöne Erinnerung aus. Ich sehe, was ich gesehen habe, ich höre, was ich gehört habe, ich fühle, was ich gefühlt habe. Und: Das beste dabei ist, für mein Gehirn, meinen ganzen Körper ist es egal, ob ich etwas Schönes gerade jetzt erlebe oder mir lebhaft vorstelle. Ich habe die gleichen schönen körperlichen Reaktionen.

Tipp 13

Ich lasse jeden Abend, vor dem Schlafen gehen meinen Tag Revue passieren, suche mir den schönsten Moment des heutigen Tages aus und bedanke mich für das Schöne, das ich erlebt habe.

Das ist für mich eine gute Gelegenheit mich zu bedanken. Manchmal darf ich dazu auch eine Weile suchen, ich finde jeden Tag etwas und oft habe ich eine Fülle von begeisternden Momenten und genieße die Auswahl. Das ist für mich eine wichtige Form der Wertschätzung für mich selbst, mein Leben, das unendliche Universum, dessen Teil ich bin.

Tipp 14

Ich verwende frische Nahrungsmittel für mein Essen.

Du bist, was du isst – dieses Gesetz habe ich vor und beim Essen vor Augen. Das leuchtet mir ein. Ich achte darauf, welche Nahrung ich mir zuführe und habe mich von Fertiggerichten und Junkfood befreit. Ich esse frische Nahrungsmittel und achte auf eine ausgewogene Kost und einen Mix aus Rohkost und gekochten Gerichten.

Tipp 15

Ich benutze Stiegen, wo und wann immer es mir möglich ist.

Das ist ein ganz einfacher Weg zu mehr Fitness. Da ich viel mit öffentlichen Verkehrsmitteln unterwegs bin, habe ich auch oft Gelegenheit dazu. Rolltreppen und Aufzüge verwende ich nur, falls ich schwer beladen bin. Früher wäre ich vielleicht überrascht gewesen, wie viel Unterschied diese einfache Entscheidung für meinen Körper ausmacht.

Tipp 16

Ich wähle jeden Tag meine Kleidung aus und trage Kleidung, in der ich mir gefalle.

Ja, diesen Respekt schenke ich mir und den Menschen, die mich sehen. Ich kleide mich gerne sportlich, da fühle ich mich am wohlsten und ich achte darauf, dass ich mir in den Kleidungsstücken, die ich trage, gefalle. Egal, ob ich zu Hause bin oder unterwegs. Ich habe bemerkt, wie die Auswahl meiner Kleidung meinen State, meine Haltung, meinen Gefühlszustand beeinflusst. Und ich nutze jede Möglichkeit, jede Gelegenheit aus, um mich noch wohler zu fühlen.

Tipp 17

**Ich beschäftige mich jeden Tag
mindestens 30 Minuten mit positiven und
produktiven Bücher, Hörbüchern,
Filmen.**

Leben ist Lernen, diese Wahrheit habe ich aufgesaugt
und tief verinnerlicht. Ich trainiere meinen Körper,
mein Gehirn, meine Gedanken und Gefühle. Ich
nehme mir jeden Tag die Zeit, mich bewusst weiter
zu bilden und bin begeistert über die
beeindruckenden Ergebnisse, die ich so erziele. Ich
lese ein gutes, positives Buch, höre mir ein Hörbuch
an oder genieße einen positiven, lehrreichen und
unterhaltenden Film. Das tut mir gut und ich
verbessere mich jeden Tag auf allen Ebenen.

Tipp 18

Ich lache jeden Tag mindestens einmal laut.

„Feeling good for no reason" dieses Motto von Richard Bandler und NLP wende ich täglich an. Oft überkommt es mich einfach, weil wieder etwas sehr Lustiges passiert oder ich etwas sehr lustig finde. Manchmal teste ich auch, wie sich mein Gefühl verändert, sobald ich laut loslache – mit, ohne und auch gegen den Anlass. Auf jeden Fall mache ich es einmal am Tag. Einfach so. Wie jetzt zum Beispiel! Manchmal ist das nur ein kurzer wohltuender Prozess, manchmal gerät das Lachen ein wenig außer Kontrolle, verselbstständigt sich völlig und dauert länger. Gut tut es in jedem Fall.

Tipp 19

Ich habe mein Leben zu einer nachrichtenfreien Zone gemacht.

Ich schaue nicht fern, ich höre kein Radio, ich lese keine Zeitungen, keine Zeitschriften. Vom Fernsehen habe ich mich vor etwa 9 Jahren verabschiedet. Toll die viele Zeit, die ich bewusst und positiv, produktiv und aktiv gestalte! Seit 4 Jahren lebe ich nachrichtenfrei. Ich habe mit 6 Monaten Testlauf begonnen und geprüft, wie sich mein Leben verändert, indem ich keine Nachrichten mehr lese, höre, sehe. Das Ergebnis: Alle für mich relevanten Informationen erreichen mich und ich bin viel besser gelaunt, weil ich mich von dem Horror und der Angstmache befreit habe. Falls Sie sich vielleicht fragen sollten, woher Sie die Zeit zum Anwenden meiner Glückstipps nehmen – hier ist sie.

Tipp 20

Ich genieße jeden meiner Tage rauchfrei.

Falls Sie auch einmal geraucht haben, verstehen Sie meine Freude sicher. Ich genieße meine Entscheidung rauchfrei zu leben jeden Tag. Wenn ich denke, dass ich früher dachte, ich täte mir was gönnen, wenn ich rauchte ... So ein Blödsinn. Heute freue ich mich, dass ich wieder gut rieche und gut rieche, über die zusätzliche Luft, die ich beim Sport und im Alltag habe, über meine feinen Geschmacksnerven, die ich wieder habe. Ich bin total beeindruckt, wie schnell die positiven Folgen sich eingestellt haben.

Tipps 21 – 30

Tipp 21

Ich verbringe jeden mindestens 10 Minuten in einem tief entspannten Zustand.

Damit habe ich begonnen, jetzt ist eine Stunde pro Tag oder mehr. Ich finde so viele Gelegenheiten in einen tief entspannten Zustand zu gehen ... So wie auch jetzt, wo ich diese Zeilen schreibe. Ich habe Entspannung in meinen Alltag integriert und nehme mir noch zusätzlich die Zeit und schenke mir eine Trommeltrance mit meiner Schamanentrommel, eine Hypnosesession mit meiner tollen Frau, eine Online-Trance mit Licht- und Toneffekten mit QDreams. So bin ich körperlich, geistig und emotional jeden Tag fitter als am Tag zuvor.

Tipp 22

Ich schenke meiner Kreativität jede Woche mindestens 1 Stunde.

Ich schenke meiner Kreativität viel mehr Zeit. Ich bin Autor und schreibe täglich und lebe so meine Kreativität aus. Was ich zusätzlich mache ist, dass ich mir jede Woche eine Stunde Zeit nehme, in der ich nur ein Ziel habe: Kreativ sein. Und zwar ohne Vorgaben. Manchmal male ich, manchmal zeichne ich, manchmal mache ich Musik, manchmal tanze ich, manchmal fotografiere ich und bearbeite Fotos, manchmal mache ich eine Collage, manchmal schreibe ich ein Gedicht oder einen Trancetext. Alles gilt, alles ist erlaubt und es tut so gut. Ich mag es, wie sich meine Kreativität, seit ich sie bewusst kultiviere, immer wieder in allen möglichen Zusammenhängen und Situationen anders-als-bewusst meldet.

Tipp 23

**Ich nehme mir bei jedem Essen eine
Portion und esse maximal diese Portion.**

Ja, das stimmt. Ich treffe eine Entscheidung. Ich
stelle mir mein Essen vor, ich schaue mir meinen
Teller an und fülle ihn mit der Menge Essen, die ich
jetzt zu mir nehme. Nachschlag? Nein Danke. Ich
habe damit begonnen, dass ich nach dem ersten
Teller eine kleine Pause machte, um zu testen, ob ich
schon satt bin. Lustigerweise war die Antwort immer
ja. Ich mag es öfter kleine, ausreichende Mengen an
Nahrung zu mir zu nehmen. Das tut mir sehr gut.

Tipp 24

Ich setze mir für jede Woche ein Ziel.

Meistens mache ich das am Sonntag Nachmittag oder
Abend, nachdem ich mich über die Erreichung des
letzten Wochenziels gefreut habe. Ich setze mir ein
konkretes Ziel für die kommende Woche, positiv,
selbstbestimmt, selbst erreichbar und ich schreibe
mir dieses Ziel auf. Das NLP Zielmodell hilft mir da.
Oft habe ich mehr als ein Ziel für eine Woche und oft
habe ich längerfristige Ziele, die durch die Woche
laufen und ich nehme mir ein konkretes Wochenziel
heraus und formuliere es schriftlich. Teilweise ist so
ein Wochenziel komplett in sich geschlossen,
manchmal ist es ein Zwischenziel auf dem Weg zu
einem längerfristigen Ziel.

Tipp 25

Ich setze mir für jeden Monat ein großes Ziel.

In der Regel mache ich das am vorletzten oder letzten Tag des Vormonats. Ich setze mir ein großes Ziel für das kommende Monat, positiv, selbstbestimmt, selbst erreichbar und ich schreibe mir dieses Ziel auf. Das gibt meinem Tun eine Richtung, einen Vorwärtsdrive und hilft mir meine Prioritäten klar vor Augen zu haben. Das NLP Zielmodell ist mir dabei eine große Hilfe. Oft habe ich mehr als ein Ziel für einen Monat und ich habe immer längerfristige Ziele, wie meine Jahresziele, die durch das Monat laufen und ich nehme mir immer ein konkretes Monatsziel heraus und formuliere es schriftlich.

Tipp 26

Ich setze mir für jedes Jahr ein großes Ziel.

Meistens mache das in der letzten Woche des Vorjahrs, im Rahmen des Bilanzziehens. Ich setze mir ein großes Ziel für das kommende Jahr, positiv, selbstbestimmt, selbst erreichbar und ich schreibe mir dieses Ziel auf. Das NLP Zielmodell hilft mir auch dabei. Meine Monats- und Wochenziele sind zum Teil Zwischenschritte des Jahreszieles. Ich habe immer mehr als ein Ziel für ein Jahr und ich habe auch riesige längerfristige Ziele, die über mehrere Jahre laufen und ich nehme mir ein konkretes Jahresziel heraus, formuliere es schriftlich und stelle es in den Mittelpunkt meines Jahres.

Tipp 27

Ich tue jeden Tag mindestens zwei Menschen einen Gefallen – einer davon bin ich.

Da bin ich ganz flexibel und überrasche mich und andere Menschen. Oft streift so ein netter Gedanke, eine mögliche Erleichterung durch mich und da greife ich dann zu und setzte das sofort und direkt um. Eine Abkürzung hier, ein kleiner Hinweis da. Eine kleine Arbeit mit großer Wirkung vorgezogen, eine Verbindung hergestellt. Am Anfang habe ich mich da bewusst ans Finden gemacht, mittlerweile finden mich die Gelegenheiten jemanden einen Gefallen zu erweisen anders-als-bewusst von selbst. Ich habe mich darauf programmiert.

Tipp 28

Ich nehme mir jeden Tag 15 Minuten oder mehr nur für mich.

Das ist mir ganz wichtig. In den 15 Minuten gibt es kein Programm. Da horche ich in mich hinein. Handy, Internet, alles ist ausgeschaltet, die Menschen in meiner unmittelbaren Umgebung informiere ich und dann warte ich und überrasche mich selbst. Mal kommt mir eine neue Idee, mal fällt mir etwas wieder ein, mal sitze ich einfach ruhig da und atme. Vielleicht erinnere ich mich an etwas Schönes, vielleicht stelle ich mir etwas Schönes vor. Auf jeden Fall bin ich ganz bei mir, in mir, mit mir.

Tipp 29

Ich nehme mir jede Woche 1 Stunde oder mehr für mich.

Das ist für mich eine Quelle tiefer Regeneration.
Manchmal gehe ich alleine spazieren – durch die
Stadt, durch den Wald, am Strand. So schenke ich
mir eine wunderbare Möglichkeit zur Reflexion.
Diese freie Stunde bietet mir auch ein hervorragende
Gelegenheit zum Testen. Falls ich irgendetwas
übergangen, übersehen haben sollte, habe ich hier
Raum und Zeit, es wieder in mein Bewusstsein
kommen zu lassen. Oft kommen mir so neue Ideen.
Ich bin immer wieder erstaunt, was mir dabei alles
einfällt. Ich habe kein Programm, außer mich mit mir
selbst wohlzufühlen.

Tipp 30

Ich trainiere jeden Tag für 5 Minuten oder mehr meine schönen Bilder groß zu machen.

Exzellenz ist das Ergebnis von regelmäßigem und ausdauerndem Training. Das gilt für das Schreiben mit 10 Fingersystem, wie für das Laufen und auch für das Verändern von Bildern. Ich strebe Exzellenz in allen Bereichen an und so trainiere ich und habe viel Spaß und Freude dabei. Dass ich gleichzeitig auch das Gegenteil mittrainiere, freut mich auf. So suche ich mir also schöne Bilder aus und hole sie ganz nah zu mir, mache sie groß und bunt, mache mir einen mitreißenden Spielfilm daraus und bin mittendrin.

Tipps 31 – 40

Tipp 31

Ich mache jeden Tag auf einen Menschen, den ich schätze, einen Schritt zu.

Ich schaue mir die Menschen in meinem Leben an. Ich teste, von wem ich am meisten lerne, bei wem es mir wie leicht fällt, mich gut zu fühlen. Ich gestalte meine Beziehungen aktiv. Sobald ich auf einen Menschen treffe, egal ob direkt oder über ein Buch, das ich lese, eine Diskussion auf facebook, LinkedIn oder Xing, in Erzählungen, der oder die mich fasziniert, mache ich Schritte auf diesen Menschen zu. Ich schreibe ihnen, kommentiere ihre threads, ich rufe an, … die digitalen Medien bieten heute viele Gelegenheiten in Kontakt zu kommen und zu bleiben. Ich gehe auch regelmäßig meine Kontakte, meine Freundinnen und Freunde durch und halte aktiv Kontakt. So wächst mein lebendiges, positives, produktives Netzwerk ständig.

Tipp 32

Ich habe mir für alles vergeben, was ich je getan haben werde.

Das war für mich ein Riesenschritt als Ergebnis eines intensiven Prozesses. Erst habe ich mir für alles vergeben, das ich je getan hatte, dann allen anderen Menschen, von denen ich früher den Eindruck hatte, dass ich ihnen etwas zu vergeben hätte und dann war ich so weit und habe es getan: Ich habe mir in die Zukunft hinein vergeben. Ich weiß, dass sich jeder Mensch in jeder Situation nach der besten Option verhält, die er im Moment erkennt – und das gilt auch für mich. Gestern, heute und in zehn Jahren. Die Erleichterung, die ich in dem Augenblick verspürte, als ich mir für alles vergeben habe, was ich je getan haben werde, war ein Moment tiefster Befreiung.

Tipp 33

Ich lasse Menschen aus meinem Leben entschwinden, von denen ich weiß, dass mir der Kontakt mit ihnen nicht gut getan hat.

Menschen leben und entwickeln sich in verschiedene Richtungen. Ich weiß, dass manche Menschen sich anders entscheiden als ich und ich akzeptiere das, auch indem ich es zulasse, dass sie sich aus meinem Leben entfernen. Ich stelle fest, dass meine Energie nach dem Zusammentreffen mit manchen Menschen niedriger ist als zuvor. Sobald das zu einer regelmäßigen Erscheinung wird, lasse ich dieses Auseinanderdriften aktiv zu.

Tipp 34

Ich stelle mir jeden Tag einmal vor, wie das Leben ist, sobald ich weiß, dass sich alle sichtbaren und unsichtbaren Kräfte im Universum verschworen haben, um mich zu unterstützen.

Diesen Gedanken habe ich bei Esther Hicks kennengelernt. Am Anfang kam mir die Vorstellung seltsam vor, mittlerweile finde ich es einfach nur noch toll. Was mich besonders dabei fasziniert ist, dass in dem Moment, wo ich mir diese umfassende Unterstützung des unendlichen Universums für mich vorstelle, ich sie tatsächlich verspüre. Ein Ding ergibt dann das andere und alles läuft wie von selbst für mich. Ein bisschen überrascht bin ich davon manchmal immer noch und es ist wunderschön.

Tipp 35

Ich habe mir ein richtig großes Ziel geschenkt, von dem ich glaube, dass ich fünf Jahre oder mehr brauche, um es zu erreichen.

Ich habe riesengroße Träume von meiner schönen Zukunft. Ich habe mir Ziele gesetzt – auch wieder positiv, selbstbestimmt, selbst erreichbar, sinnlich konkret und schriftlich – die ich mir früher nicht einmal in meinen kühnsten Träumen vorzustellen gewagt hätte. Und ich meine so richtig groß! Jetzt weiß ich, dass ich diese Ziele alle erreiche, genauso wie ich weiß, dass ich für manche von ihnen mehr als fünf und für andere mehr als zehn Jahre brauche. Diese riesengroßen Ziele üben eine magische Anziehungskraft auf mich aus. Sie lassen mich jeden Morgen freudig und voller Vorfreude aus dem Bett springen, sie geben mir Kraft, falls ich auf Herausforderungen treffen oder vielleicht gar einen Rückschritt machen sollte. Und ich mache diese Ziele beständig weiter größer und mit jedem Moment, den ich lebe und arbeite, kommen Sie näher und spenden mir Freude.

Tipp 36

Ich erinnere mich einmal pro Woche oder öfter an eine schöne Erinnerung aus meiner Kindheit.

Früher fand ich es teils recht schwierig, mich an schöne Erlebnisse aus meiner Kindheit zu erinnern. Ich war damals sehr froh endlich erwachsen zu sein und die Kindheit in der Vergangenheit gelassen zu haben. Bis zu dem Moment, wo ich mich ganz bewusst daran gemacht habe, solche schöne Erinnerungen zu finden. Mittlerweile habe ich viele und es werden immer mehr, als ich mir erträumt hätte. Das tut mir gut und gibt mir Kraft und Liebe für die Gegenwart und Zukunft.

Tipp 37

Ich mache jeden Tag etwas, das ich in dieser Form noch nie gemacht habe und lerne etwas Neues.

Manchmal sind das ungeheuer große Schritte, wie der Tag, an dem ich das erste Mal tauchen war, der Tag, an dem ich mein erstes Buch veröffentlicht habe, der Tag, an dem ich das erste Mal in einem anderen Land gearbeitet habe, ... Manchmal auch scheinbar kleine, wie einen anderen Weg zum See nehmen, zu einer anderen Uhrzeit aufstehen, ein neues Gericht zu Mittag kochen, ... Ich weiß: Leben ist Veränderung ist Leben und ich gestalte meine Veränderung bewusst und aktiv in die Richtung, die ich für mein Leben gewählt habe. Das macht mich immer flexibler und trägt viel zu meinem emotionalen Erfolg bei. So stelle ich auch sicher, dass meine Landkarte von der Welt jeden Tag wächst und genauer wird.

Tipp 38

Ich mache jeden Tag mindestens einen Schritt in Richtung all meiner Ziele.

Egal, was geschieht. Egal wie schrecklich oder wie wundervoll es auch sein mag. Ich mache jeden Tag einen Schritt in Richtung all meiner Ziele. An manchen Tagen, so wie heute, sind das Riesenschritte, gewaltige Sprünge vorwärts, an manchen Tagen ist das eine scheinbare Kleinigkeit. Und ich schreite jeden einzelnen Tag voran. Das macht mich unaufhaltsam. So garantiere ich meinen Erfolg. Zu Beginn waren das alles bewusste Handlungen, mittlerweile tue ich das hauptsächlich automatisch, anders-als-bewusst. Ich habe mir dieses Erfolgsverhalten zur Gewohnheit gemacht.

Tipp 39

Ich verbringe täglich 10 Minuten oder mehr, indem ich von meinem bereits erreichten großen Ziel träume.

Ich spreche hier auch von tief entspannten Zuständen, von Zeit und Raum, die ich mir ganz konkret für mein Bad in meinen großen Zielen schenke. Ich fliege dazu in die Zukunft, in eine Zeit, wo ich auch meine riesengroßen Ziele bereits erreicht habe und gehe mitten in diese wunderschöne Situation hinein. Ich sehe, was ich sehe, ich höre, was ich höre und ich fühle, was ich fühle. Ich genieße meinen Erfolg. Manchmal blicke ich auch von dort zurück und plötzlich fällt mir ein wichtiger Schritt ein, den ich gemacht haben werde und mit dem ich mir ermögliche meine Ziele noch schneller und leichter zu erreichen.

Tipp 40

Ich habe mir ein Leben frei von gewalttätigen Filmen, Büchern, Hörbüchern, Zeitungen geschenkt.

Diese Entscheidung habe ich vor 4 Jahren getroffen. Ich beschäftige mich gerne und intensiv mit den Ergebnissen der modernen Hirnforschung und so habe ich gelernt, dass Menschen das Gehirn bekommen, wofür sie es benutzen. Wer sich Horrorfilmen oder anderen gewalttätigen Filmen, Büchern, Hörbüchern aussetzt, trainiert Angst zu haben und sich mies zu fühlen, im besten Fall, dissoziiert und gefühlsarm zu leben. Ich habe für mich, mein Hirn, mein Leben eine andere Entscheidung getroffen: Ich lebe gerne gefühlsintensiv und trainiere zu lachen, mich wohl zu fühlen und glücklich zu sein.

Tipps 41 – 50

Tipp 41

Ich finde für mein Bewegungs- und Sportprogramm 2 oder mehrere gegensätzliche und ergänzende Bewegungsarten.

Mit ist es wichtig auch meinen Körper vielseitig und abwechslungsreich zu trainieren und dabei gegensätzliche, sich unterstützende, ergänzende und widersprechende Bewegungsarten zu kombinieren und abzuwechseln. Für mich habe ich einen Mix aus Laufen, Schwimmen, Wandern, Radfahren, Boxen, Pilates, Qi Gong und Badminton gefunden. Ausdauer, Kraftausdauer, Schnellkraft, Beweglichkeit und Geschicklichkeit im Mix machen für mich das perfekte Sport- und Bewegungsprogramm aus und am liebsten mache ich das im Freien (außer beim Badminton und Boxen).

Tipp 42

Ich finde die Entspannungstechniken, die mir am meisten Spaß machen und mir am wohlsten tun.

Ich habe mit autogenem Training begonnen, das war für mich ein leichter Weg, mich tief zu entspannen. Jetzt sind es verschiedene hypnotische Prozesse, die mir am besten gefallen. Ich liebe meine schamanischen Trommeltrancen in verschiedenen Rhythmen und Frequenzen. Super schnell, super tief gehen habe ich mit den Online-Trancen mit Licht- und Tontechnologie von www.pimpyourbrain.com gelernt. Ich höre mir auch gerne eine Trance von guten Sprechern und Sprecherinnen an. Eine Livehypnose mit meiner lieben Frau Chris Pape ist jedesmal ein Höhepunkt.

Tipp 43

Ich gehe immer zuerst in einen guten Zustand und treffe dann meine Entscheidungen.

Das ist mir mittlerweile ein fixe und geliebte Gewohnheit geworden. Zuerst gehe ich in einen guten Zustand, dann treffe ich die Entscheidung. Sollte das mal ein wenig länger dauern, dann warte ich eben ein wenig länger und entscheide mich dann. Entspannung und eine gezielte Unterbrechung helfen mir dabei. In gutem Zustand treffe ich gute Entscheidungen.

Tipp 44

Ich bin mir bewusst, dass meine Gefühle in mir sind.

Ich weiß, dass meine Gefühle Ausdruck eines körperlichen, materiellen Vorgangs in meinem Körper sind. Meine Gefühle sind nicht irgendwo außerhalb von mir und überfallen mich. Sie sind in mir, meine Gefühle sind ein Teil von mir. Hormone, Neuro-Transmitter und Neuronen, die gemeinsam oder nacheinander feuern, das ist der Mix, aus dem meine Gefühle bestehen.

Tipp 45

Ich bin mir bewusst, dass ich in Bildern und Worten denke und mir auf dieser Grundlage meine Gefühle mache.

Wie alle Menschen denke ich in Bildern und Texten. Die Qualität dieser Bilder, dieser Texte bestimmen die Qualität meiner Gefühle, die ich mir mache. Indem ich die Bilder und die Texte in meinem Kopf, in meinem Geist verändere ich gleichzeitig meine Gefühle. Indem ich das weiß und angenommen habe ich die Kontrolle und Verantwortung über meine Gefühle übernommen. Diese Tatsache war für mich eine entscheidende Hilfe auf meinem Weg die Verantwortung und Kontrolle über das WIE ich denke, fühle und handle vollständig zu übernehmen. So ist für mich alles möglich.

Tipp 46

Ich trainiere jeden Tag meine Gefühle in mir zu orten und ihre Richtung zu verändern.

Von Richard Bandler habe ich gelernt, dass die menschlichen Nerven einen Gewöhnungseffekt haben. Ich spüre einen Reiz, den ich nicht erneuere, nur eine relativ kurze Zeit über. Zwei bis drei Minuten etwa. An der Uhr, an den Schuhen, an Ihrem Schmuck, an Ihrer Kleidung merken Sie das sehr gut. Sobald Sie nicht bewusst darauf achten, spüren Sie sie bald nicht mehr. Also achte ich darauf, wo genau in mir meine Gefühle beginnen und wohin ich sie bewege. Ja, ICH. Ohne dieses Zutun gewöhnen sich meine Nerven an den Reiz und spüren nichts mehr. Ich habe gelernt, meine Gefühle schneller und langsamer laufen zu lassen und ihre Richtung zu verändern. So vermindere oder verstärke ich die Intensität meiner Gefühle und das trainiere ich täglich.

Tipp 47

Ich gebe jeder meiner Wochen ein großes, positives Motto.

Ein Motto ist für mich viel allgemeiner als ein Ziel. Ein Motto kann zum Beispiel „Frühlingsblumen" sein, was für mich bedeutet, dass ich bewusst den Frühling wahrnehme, möglichst viele Außenaktivitäten habe. Ein Motto gibt meiner Woche eine Richtung, ohne dass ich mich auf ein bestimmtes konkretes Ergebnis festlege. Mein Wochenmotto macht mir Spaß und gibt mir Schwung. Diese Woche habe ich „Schreiben und Veröffentlichen".

Tipp 48

Ich habe die Tatsache angenommen, dass jedes Feedback, jede Rückmeldung, die ich erhalte, eine Information ist.

Das Leben ist ein Feedbackmodell. Ich tue etwas und bekomme von meiner Umwelt und/oder mir selbst eine Rückmeldung auf mein Tun. Was ich mir schenke, ist, dass ich dieses Feedback wertfrei als Information annehme und verarbeite. Über positives Feedback freue ich mich natürlich ausgiebig, negatives oder negativ scheinendes nehme ich als Information zur Kenntnis und weiß, dass ich auf jeden Fall etwas dazu gelernt habe und stelle mein Denken, Fühlen, Handeln entsprechend um. Entweder ich habe gelernt, wie etwas geht, oder ich habe gelernt, wie etwas nicht geht. Klüger und um eine Erfahrung reicher bin ich jedenfalls.

Tipp 49

Sobald ich ein anderes Ergebnis will als bisher, ändere ich mein Verhalten.

Hier setzt sich mein Blick auf das Leben als Feedbackmodell fort. Ich tue etwas, verhalte mich auf eine bestimmte Art und Weise und erziele damit ein Ergebnis. Wenn mir das Ergebnis gefällt, dann setze ich mein Verhalten fort. Wenn ich ein anderes Ergebnis erzielen will, dann ändere ich mein Verhalten. In der Regel beginne ich damit einzelne Teile meines Verhalten zu ändern und teste die Rückmeldungen aus, die ich erhalte. So weiß ich, welche Veränderung zu welcher Rückmeldung geführt hat. - Ganz so wie im Marketing. Nur bei groben Richtungsänderungen stelle ich gleich mehrere Teile oder mein ganzes Verhalten um.

Tipp 50

Ich weiß, dass der Mensch nicht sein Verhalten ist. Ich bin mir bewusst, dass sich jeder Mensch in jeder Situation nach der besten Option verhält, die er oder sie als solche erkennt.

Das war ein langer Weg für mich und jetzt hilft mir diese Einsicht sehr, das Verhalten anderer und von mir selbst anzunehmen und weiterzugehen. Egal wie ein Mensch sich verhält und egal wie gut oder schlecht mir das gefällt, ich weiß, dass der Mensch sich in einem bestimmten Zusammenhang, in einer bestimmten Situation so verhalten hat. In einer anderen Situation, in einem anderen Zusammenhang wird er oder sie sich voraussichtlich anders verhalten. Denn ein Verhalten ist immer nur eine Erscheinungsform des Menschen, nie sein oder ihr Wesen. Ich habe mir damit die Grundlage geschaffen, differenziert auf Verhalten und Menschen zu reagieren. Das ist mit ein Grund, warum ich so gerne Entspannung und gute Gefühle verbreite, denn in entspanntem und gutem Zustand sieht jeder Mensch viele Optionen.

Tipps 51 – 60

Tipp 51

Ich lerne und vertiefe eine neue Sprache.

Ich liebe Sprachen, weil Sprachen für mich eine Möglichkeit sind, mit anderen Menschen zu kommunizieren und mich mit ihnen auszutauschen. Eine wunderbare Sache, die mir viel Spaß und Freude bereitet und meinen Horizont permanent erweitert. Ich denke mir seit langem: Je mehr Sprachen ich spreche und verstehe, mit desto mehr Menschen kann ich mich austauschen, desto größer wird meine Welt. Zugleich ist es für mein Gehirn ein tolles Training mich mit unterschiedlichen Sprachen zu beschäftigen. Ich arbeite in deutsch und englisch und schreibe in beiden Sprachen, so entwickle ich diese Sprachen täglich weiter. Französisch und Spanisch sind derzeit Unterhaltungssprachen, die von den Menschen in den Gegenden, in denen ich lebe (am Genfer See und auf Teneriffa), gesprochen werden, so bin ich auch bei den beiden permanent mit Impulsen und Reizen konfrontiert, die mich weiter bringen. Lesen, hören und sehen in den Sprachen kommt gerne dazu, ich bilde mich unheimlich gerne weiter. Mit Türkisch habe ich noch eine nicht indogermanische Sprache dazu genommen, was ich auch als sehr bereichernd erlebe.

Tipp 52

**Ich nehme mich an, so wie ich jetzt bin
und schätze mich wert.**

So ist es. Ich habe große Ziele und weiß, dass es für
mich zum Erreichen meiner Ziele auch dazu gehört,
Verhalten und Denkweisen von mir umzustellen,
weiterzuentwickeln. Die Basis dafür habe ich gelegt,
in dem ich mich, so wie ich jetzt bin, angenommen
habe – und zwar auf allen Ebenen: Körperlich, geistig
und emotional. Ich schätze mich wert, so wie ich jetzt
bin und ich habe auch meine Vergangenheit
angenommen und schätze sie wert. Dieses Annehmen
und diese Wertschätzung von mir selbst sind
Grundlage und Garantie für meinen Erfolg und all
die Ziele, die ich erreiche.

Tipp 53

Ich bin mir bewusst, dass all meine Fähigkeiten, all meine Stärken, all meine Erfahrungen, all mein Wissen aus der Vergangenheit stammt.

Meine Erfahrungen und meine Entscheidungen haben mich zu dem gemacht, der ich heute bin. Alle meine Kenntnisse, Fähigkeiten und Erfahrungen kommen aus dieser, meiner Vergangenheit und ich bin froh über sie, denn sie hat mich an den Punkt gebracht, an dem ich heute bin und von hier aus erinnere ich mich gerne an Richard Bandlers Aussage: „Das beste an der Vergangenheit ist, dass sie vorbei ist." und genieße die Gegenwart und schaffe so meine schöne Zukunft.

Tipp 54

Ich weiß, dass mein Erfolg garantiert ist, sobald ich die Zeit aus der Gleichung genommen habe.

Das ist im Grunde genommen sehr einfach. Ich habe gelernt: Sobald ich die Zeit aus der Gleichung nehme, erreiche ich meine Ziele auf jeden Fall. Es ist nämlich nur eine Frage der Zeit. Ich wünsche mir etwas, ich will etwas, ich setze mir ein Ziel und gehe, lebe und arbeite darauf los. Manche Schritte, die ich setze, bringen mich meinem Ziel näher und ich weiß, ja das funktioniert, und andere Schritte führen mich in eine andere Richtung und ich weiß, das funktioniert nicht – beides führt mich schneller und näher an mein Ziel und seit ich die Zeit aus der Gleichung genommen habe, gibt es für mich kein Scheitern mehr.

Tipp 55

Ich verändere, was ich verändern kann, passe mich, an was ich mich anpassen kann und lasse hinter mir, woran ich mich nicht anpassen kann.

Das fasst das Geheimnis erfolgreicher Evolution perfekt zusammen. Es zeichnet uns als Menschen aus, dass wir unsere Umwelt aktiv beeinflussen und nach unseren Bedürfnissen umgestalten und uns selbst so in Wechselwirkung mit der Welt weiterentwickeln, ich könnte auch sagen: So erschaffen wir uns selbst. Für mich bedeutet das, dass ich alles in mir und um mich genau betrachte und teste und dabei laufend Entscheidungen treffe. Genau in dieser Reihenfolge. Ich gestalte meine derzeitige Umgebung – auf allen Ebenen – so um, dass ich immer weiter in die Richtung gehe, die ich meinem Leben gegeben habe. Manche Dinge kann ich nicht ändern – etwa das Wetter hier am Genfer See, da passe ich mich daran an. Indem ich mich entsprechend kleide, einheize und meine Außenaktivitäten so steure, dass ich möglichst viel im Freien bin, sobald die Sonne scheint. Falls ich es noch wärmer haben will, dann gehe ich zum Beispiel nach Teneriffa, was ich die nächsten Monate mache.

Tipp 56

Ich spreche mit meiner inneren Stimme zu mir wie zu meinem besten Freund, meiner besten Freundin: liebevoll, ehrlich, unterstützend und bestimmt.

Seit ich meinen inneren Dialog, meine innere Stimme – vor allem den Tonfall, das Tempo und die Lautstärke so verändert habe, hat meine Lebensqualität enorm zugenommen. Alle Menschen denken in Bildern und Texten und hier spreche ich vom Text. Als ich gemerkt hatte, dass meine innere Stimme nicht immer freundlich und unterstützend war, stellte ich mir vor, wie ich mit einem lieben Freund, einer lieben Freundin in der gleichen Situation spreche. Und dann habe ich mich selbst gemodelt, das heißt ich habe mir Tonfall, Timbre, Lautstärke, Tempo und andere Eigenschaften meiner Stimme in solchen Situationen angehört und sie dann auf meinen eigenen inneren Dialog angewendet. Den Inhalt habe ich da gar nicht angetastet, ich habe die Form und die Struktur verändert und somit mein Leben. Jetzt höre ich mir gerne zu – bei allen Themen.

Tipp 57

Ich finde meinen Rhythmus, den Tagesablauf, der für mich optimal ist und richte meinen Schlafzyklus danach aus.

In meiner Welt gibt es keinen objektiv richtigen Tagesablauf. Ich habe selbst vor Jahren in der Nachtschicht (von 18 – 6 Uhr) gearbeitet und das ist keinesfalls gesundheits- und launefördernd. Nur, ob Sie lieber früh aufstehen und schon beim Frühstück viel erledigt haben oder ob Sie lieber noch nach dem Abendessen effektiv arbeiten, das kann beides super klappen und erfolgreich sein. Ich habe für mich beide Verhalten über mehrere Wochen getestet und mit meinen bisherigen Erfahrungen verglichen und weiß jetzt: Vor der Sonne brauche ich nicht aufzustehen und am Abend beschäftige ich mich gerne mit entspannenden Themen und Dingen. So bin ich produktiv und glücklich.

Tipp 58

Das einzige Gefühl, das ich mit Essen verbinde, ist die Freude, dass es mir schmeckt und ich satt bin.

Früher habe ich schon mal geglaubt, dass ich mir eine Freude mache, indem ich eine Schokolade esse, in Situationen, die nicht so toll waren. Seit ich erkannt habe, dass Essen aus frischen Produkten frisch zubereitet am besten schmeckt und ich spüre, wann ich hungrig bin und wann satt, ist die Freude darüber das einzige Gefühl, das ich mit Essen verbinde.

Tipp 59

Sobald ich glaube Hunger zu haben, trinke ich ein Glas Wasser, um zu sehen, ob ich vielleicht durstig war.

Das ist ein Supertrick! Ich habe ihn von Patrick Porter, einem meiner Mentoren, gelernt, dessen Buch „Mit Vollgas zu Glück und Erfolg – Wie Sie erfolgreich durch ein Leben voller Stress steuern" ich ins Deutsche übersetzt habe. Falls Sie das noch nicht tun: Testen Sie es. Einfach viel Wasser trinken und sobald Sie glauben hungrig zu sein, trinken Sie ein Glas Wasser. Wasserzufuhr tut Ihnen ohnehin gut und oft war es das auch schon. Fühle ich mich nach dem Trinken immer noch hungrig, dann esse ich etwas. Falls eine meiner drei Hauptmahlzeiten ansteht, dann diese und zwischendurch ist Obst und Rohkost die beste Wahl.

Tipp 60

Ich gönne mir das Beste!

Ja! Ich gönne mir das Beste! Ich freue mich über all das Gute, das ich erlebe und genieße es mit vollem Herzen. Ich teile auch gerne mit anderen und ich bin unbescheiden geworden. Ich habe erkannt, dass ich in einer Welt des Überflusses lebe: Es ist genug für alle da. Mit der Verteilung bin ich in vieler Hinsicht nicht einverstanden und sie zu ändern ist für mich Teil meiner Mission. Und mittlerweile beginne ich auch da bei mir selbst, indem ich mir alles gönne.

Tipps 61 - 70

Tipp 61

Ich weiß, dass ich nichts auszuhalten brauche. Das Leben ist dazu da, wunderbar zu sein. Dieses Recht habe ich mir mit meiner Geburt erworben.

Ich war eine Zeit lang mit einer katholischen Erziehung konfrontiert, da geht es viel um Leid, um Aushalten, um das Warten auf ein angeblich besseres Leben NACH dem Leben. Nun, ich bin für mich zu der Einsicht gekommen, dass das Unsinn ist. Ich lebe jetzt, ich habe dieses eine Leben und das ist dazu da, mich wohl zu fühlen und glücklich zu sein. Jeder Mensch hat mit seiner und ihrer Geburt das Recht auf ein wunderbares Leben erworben und ich nehme mir dieses Recht konsequent. Testen Sie es und ich weiß schon jetzt: Sie sind begeistert!

Tipp 62

Ich habe mir eine Liste mit 101 Erfolgen, die ich in meinem Leben schon erreicht habe, gemacht.

Das ist eine Aufgabe, für die ich Wiebke Lüth, eine meiner Mentorinnen, sehr dankbar bin. Ich habe diese Liste vor drei Jahren begonnen und habe nie aufgehört sie weiterzuführen. Sie hat mich direkt zu meiner Erfolgsmappe geführt.

Tipp 63

Ich habe mir eine Liste mit 101 Erfahrungen, die ich in meinem Leben noch machen will, gemacht und aktualisiere sie ständig.

Das ist auch eine tolle Liste und ich habe jedes Mal großen Spaß, sobald ich sie in die Hand nehme oder die Datei öffne. Vieles, was ich dort aufgeschrieben habe, ist mittlerweile bereits gelebte Erfahrung für mich und jede Woche kommen neue Wünsche dazu. Ich lasse mich von dieser Aufstellung sehr gerne inspirieren.

Tipp 64

Ich habe mir eine Liste mit 101 Stärken, die ich habe, gemacht und aktualisiere sie ständig.

Das tut Wunder für die Selbstliebe, die Begeisterung für mich selbst, so eine Liste – und ich finde, entdecke und entwickle immer neue Stärken – auch diese Liste wächst und wächst und wächst. Ich habe sie sowohl als Datei auf meinem Computer als auch ausgedruckt in meiner Erfolgsmappe.

Tipp 65

Ich mache regelmäßig Pausen in meinen Tätigkeiten.

Das ist mir ganz wichtig und ich mache meine Pausen mittlerweile automatisch. Mein Arbeitsrhythmus bewegt sich zwischen 30 und 60 Minuten, dann mache ich eine Pause von 2 – 10 Minuten. Ich habe große Ziele und ich habe mein Leben so gestaltet, dass für mich arbeiten bedeutet Dinge zu tun, die ich mit Liebe und Begeisterung tue. Von daher könnte ich auch einfach durcharbeiten, ohne Pause. Eine Zeit lang. Ich weiß, dass ich das, was ich heute tue, in ähnlicher Form die nächsten 10, 20 Jahre mache. Ausdauer und Dranbleiben sind ganz wichtige Erfolgsfaktoren. Ich habe die Wichtigkeit von Regeneration über den Sport gelernt und kenne ihre Bedeutung in allen Lebensbereichen. Sowie eine tiefe Entspannung die Voraussetzung für höchste Anspannung ist, so ist Pause machen und Regenerieren ein unbedingt notwendiger Gegensatz und Widerspruch zu konzentrierter und effektiver Arbeit.

Tipp 66

Sobald ich ein schönes Erlebnis habe, halte ich inne und koste es voll aus.

„Wie viel Glück halten Sie aus?" diese Frage Richard Bandlers brachte NLP in mein Leben und meine Antwort: „Es gibt keine Grenzen." kennzeichnet und bestimmt mein Leben. Sobald ich etwas Schönes erlebe – und das ist bei mir sehr oft der Fall – koste ich es in vollen Zügen aus, ich gebe mich meinem Glück hin und genieße. Ich bin mitten drin in dem schönen Erleben, ich mache die Bilder groß und bunt und hole sie mir ganz nah, auch die Musik und alle wunderbaren Geräusche sind nah und laut und mein schönes Gefühl mache ich immer stärker und stärker … und dann verdopple ich es.

Tipp 67

Ich weiß, dass ich jedes Bild klein, farblos, verwaschen machen und es in weite Ferne schießen kann, sobald ich es will.

Das ist eine beruhigende und sehr gesundheitsförderliche Fähigkeit. Zum Glück und Dank vieler guter Entscheidungen, die ich getroffen habe und treffe, brauche ich sie nicht oft. Falls sich mal eine Horrornachricht in meinen facebook Newsfeed schleicht oder ich beim U-Bahn fahren in eine „Gratis"zeitung blicke, dann freue ich mich über meine Fähigkeit und mache die miesen Bilder klein, entferne jede Farbe und schieße sie schnell am Mond vorbei und hinweg sind sie. Danach fühle ich mich sofort um vieles besser und leichter an.

Tipp 68

Ich nehme zur Kenntnis, dass manche Dinge aus der Nähe anders aussehen als aus der Ferne und bedanke mich für diese Information.

Das ist so. Ich habe diese Erfahrung schon öfter gemacht. Aus der Ferne sieht etwas oder jemand total anziehend aus, meine Vorfreude ist riesengroß, ich bin schon begeistert, bevor ich es noch habe, bevor ich ihn oder sie persönlich kennengelernt habe und dann kommt der Moment. Ich halte es in der Hand, benutze es das erste Mal, unterhalte mich das erste Mal direkt oder mache das erste konkrete Projekt gemeinsam ... und ... es ist es nicht. Es ist aus der Nähe ganz anders, als ich es mir erwartet, als ich es mir vorgestellt habe. Früher war ich in solchen Situationen manchmal enttäuscht. Heute bedanke ich mich für die Erfahrung, disponiere um und setze mir das nächste Ziel. Ich weiß, ich habe viel gelernt.

Tipp 69

Ich weiß, dass die Gegenwart die einzige wirkliche Zeit ist.

Mit dieser Einsicht habe ich meine
Gestaltungsmöglichkeiten vervielfältigt. Im Grunde
genommen ganz einfach: Was vergangen ist, ist
vorbei, was ich behalte, sind meine Erinnerungen
daran, die immer einen Ausschnitt aus der
Vergangenheit abbilden und das in meinen
Gedanken. So sind zwar die Gefühle, die ich über
diese Gedanken entwickle, wirklich und sie sind in
der Gegenwart wirklich. Ich kann, indem ich meine
Erinnerungen, die ja auch Gedanken von mir sind,
ändere, jetzt, also in der Gegenwart, die
Vergangenheit ändern. Und die Zukunft existiert
solange nur aus unendlich vielen Möglichkeiten, bis
sie sich als Gegenwart verwirklicht. Sobald ich an die
Zukunft denke, etwa an meine erreichten Ziele, sind
die damit verbundenen Gefühle natürlich wirklich –
und sie sind jetzt, in der Gegenwart wirklich. Eine
Konsequenz daraus ist, dass ich im Jetzt begonnen
habe, das Leben meiner Träume zu leben. So gestalte
ich auch meine Zukunft, indem ich mir jetzt gute
Gefühle mache, indem ich sie mir schön vorstelle,
jetzt, also in der Gegenwart. Das macht mir Spaß.

Tipp 70

Ich trainiere täglich zu lächeln und zu lachen.

Ich trainiere grundsätzlich gerne. Ich habe Spaß dabei, während ich es tue und freue mich über die Ergebnisse, die ich ernte. Ja, es gibt auch für mich Momente, durch die ich mich hindurch motivieren darf. Lächeln und Lachen trainieren ist an sich ein Heidenspaß und das zu trainieren fällt mir besonders leicht. Es fühlt sich so gut an. Schon ein Lächeln – und ich ändere da meine ganze Körperhaltung automatisch mit, richte mich auf, hebe den Kopf und rolle meine Schultern zurück – macht ungeheure Freude und Lachen ist ja gleich ein Teil des Sportprogramms dazu. Wenn andere Menschen dabei sind, lachen sie dann gleich mit und die Wirkung vervielfacht sich sofort.

Tipps 71 – 80

Tipp 71

Ich weiß, dass meine Liebe zu mir selbst, die wichtigste Voraussetzung ist, um Anderen Liebe zu geben.

Bis zu der Erkenntnis, wonach wahre Selbstliebe ein zutiefst altruistischer Moment ist, hatte ich eine lange Strecke zurückzulegen, deren Kürze ich erst im Rückblick erkannte. Meine eigene Erfahrung und meine Beobachtung bei anderen Menschen bestätigt mir diese Wahrheit täglich. Ohne Selbstliebe gibt es überhaupt keine Liebe. Angebliche Liebe ohne Selbstliebe, bleibt immer angeblich, es gibt sie nicht. Indem ich mich selbst als Ganzen angenommen habe, mich wertschätze und liebe, habe ich mich erst in den Gefühls- und Seinszustand gebracht, der mich befähigt hat andere zu lieben.

Tipp 72

Ich bin mir bewusst, dass ich EIN Leben habe.

Die Landkarte ist nicht das Gebiet und ich freue mich, dass es viele Anschauungen unserer Welt gibt. Ich persönlich bin Materialist und weiß, dass Leben in der Reihenfolge: Sein, denken, fühlen, handeln stattfindet. Ich weiß auch, dass ich in meiner Unterschiedlichkeit und Vielseitigkeit ganz bin und nicht aus getrennten Teilen bestehe. Das hat mich von dem Konzept einer work-life balance, das noch im 20. Jahrhundert weit verbreitet war, weg hin zu meinem EINEN Leben geführt. Ich war nicht mehr länger bereit, im Jetzt, dem einzigen wirklichen Moment der Zeit, Einschränkungen hinzunehmen, um vielleicht später dafür eine Belohnung zu erhalten. Egal, ob in Form einer Rente oder eines Paradieses. So wie es in der Zeit unendlich viele mögliche Zukunften gibt und nur eine sich zur Gegenwart materialisiert, so drückt sich das auch in dem EINEN Leben, das ich wirklich führe, aus. Auch die Aufsplitterung in Körper und Geist habe ich lange hinter mir gelassen. Beide sind verschiedene Erscheinungsformen der gleichen Wesenheit und sind ein klassisches Widerspruchspaar, das sich gleichzeitig ausschließt, bedingt und vorwärts entwickelt. Auf dieser Grundlage habe ich meinen Körper und meinen Geist als Einheit angenommen und lebe gesund und erfüllt in allen Bereichen.

Tipp 73

**Ich mache mir eine Liste mit den 11
Werten, die mir am wichtigsten sind und
überprüfe und aktualisiere diese Liste
einmal im Monat.**

Meine Werte sind mir viel wert. Sie sind in vieler
Hinsicht eine wichtige Grundlage für mein Denken,
Fühlen, Handeln und üben, oft im Hintergrund, eine
bestimmende Wirkung aus. Ich habe schon vor
Jahren damit begonnen, meine Werte
aufzuschreiben. Ich suche mir die 11 für mich
wichtigsten aus und ordne sie nach meinen
Prioritäten. Diese Liste überprüfe ich einmal im
Monat und nehme Umschichtungen vor, mancher
Wert verschwindet auch einmal von der Liste und ein
anderer kommt hinzu. Ich gleiche meine Werte
immer mit meinen Zielen ab und teste, wie gut meine
Werte mir tun. Es gibt Werte, die immer da sind und
andere sind vorübergehend. Die einzige Konstante im
Universum ist die Veränderung und so ist es für
meinen emotionalen Erfolg wichtig, mit meinen
Werten, die mich anders-als-bewusst immer
bestimmen, auch bewusst umzugehen. Ich achte auch
darauf, wie ich meine Werte in meinem Alltag lebe,
wie und in welcher Form ich sie umsetze.

Tipp 74

Ich schenke mir die Einsicht, dass ich Teil der Erde, Teil des Universums bin.

Entwicklung hat immer eine spiralförmig aufsteigende Form. Das bedeutet unter anderem, dass sich viele Dinge, Erscheinungsformen und auch Gedanken in sich ähnelnder Form wiederholen, wobei Sie auf einer höheren Ebene angelangt sind. Die Einsicht, dass ich als Mensch ein Teil der Erde, des Universums bin, war schon in fast allen Kulturen vor langer Zeit bekannt. Die menschliche Evolution und insbesondere die Evolution der menschlichen Gesellschaft, vor allem mit der Entwicklung der Individualität durch die bürgerliche Revolution im 19. Jahrhundert, hat viel von diesem Wissen verschüttet. Jetzt im 21. Jahrhundert sind wir als Menschheit soweit, unser Wissen, Teil des Ganzen zu sein, mit unserer Individualität zu vereinen und so auf dieser höheren Entwicklungsstufe als Individuum Teil des Ganzen, Teil der Erde des Universums zu sein. Und das hat große Tragweite in allen Bereichen des Lebens und der Kommunikation.

Tipp 75

Ich habe die Macht der Widersprüche angenommen und mache sie mir zu nutze.

Widersprüche sind Grundlage und Motor von Leben und Entwicklung. Das Aufeinanderprallen, sich Ausschließen und gleichzeitig Bedingen macht Leben erst möglich. Warm und kalt, laut und leise, die Widerspruchspaare in unserer Welt sind unendlich. Seit ich den Gegensatz, den Widerspruch als Möglichkeit erkannt habe und die dialektischen Gesetze der Widersprüche für mich anwende und nutze, hat sich das Tempo meines Erfolges und das Ausmaß meines Glücks vervielfacht.

Tipp 76

Ich halte mich nicht auf, falls etwas einmal nicht klappt, ich mache gleich die nächsten Schritte vorwärts, ich scheitere schnell.

Ich mag den Spruch, der sagt: „Der Zweifel zerstört mehr Träume, als das Scheitern je könnte." Ich tue, ich handle. Ja, ich beginne mit einem Gedanken, sehe mich im positiven Ergebnis, mache mir so ein gutes Gefühl und komme ins Handeln. Und indem ich handle, bekomme ich die Rückmeldungen aus meiner Umwelt und von mir selbst, um zu wissen, ob meine Richtung stimmt. Dazu gehört, dass ich mir etwas vorstelle, es umsetze ... und es funktioniert nicht. Ich halte mich da nicht auf. Ich nehme das als Information zur Kenntnis, ändere meine Denkprozesse und mein Verhalten und handle wieder und weiter. Motiviert von dem Wissen, dass, sobald ich weiß, dass ein bestimmter Weg nicht passt, ich meinen Zielen einen großen, bedeutsamen Schritt näher gekommen bin.

Tipp 77

Ich betrachte lokale körperliche Veränderungen als das, was sie sind: lokale körperliche Veränderungen und ein Hinweis darauf, dass ich etwas in meinem Verhalten, meinen Strategien ändern darf.

Das ist ein tolles Geschenk, das ich mir vor 3 Jahren gemacht habe! Seit dem bin ich nicht mehr krank, ich bin immer gesund. Ich habe mich von dem Konzept Krankheit endgültig verabschiedet. Manchmal fühlt sich ein Körperteil seltsam an, ich nehme das zur Kenntnis, ändere etwas in meinem Leben und sende Lächeln und Liebe hin und freue mich, dass sich der Zustand ändert. Ja, auch hier helfe ich mir, in dem ich oft und tief in entspannte Zustände gehe. Manchmal verändert sich auch meine Nase, ich nehme das sprichwörtlich als lokale körperliche Veränderung an, schicke einen meiner vorgestellten Putztrupps hin, ändere etwas in meinem Leben und freue mich über den vorübergehenden Charakter dieser Erscheinung. Ich weiß, dass ich alles, was ich gelernt habe, auch anders zu machen lernen kann. Alles, was ich herzaubern kann (das funktioniert für mich auch toll mit Hautveränderungen), kann ich auch wieder wegzaubern. Meine Macht und Bereitschaft zur Veränderung macht so vieles für mich möglich!

Tipp 78

Ich richte meinen Fokus auf das Schöne und das Gute, das ich erlebe.

Das ist für mich eindeutig. Ich habe mich ein für alle Mal entschieden meine Aufmerksamkeit, meinen Fokus auf das Gute und Schöne zu richten, das ich erlebe und tue das konsequent. Ja, es passieren auch unangenehme Dinge im Leben, ich halte mich nicht mit und bei ihnen auf. Schritt-für-Schritt in einen besseren Zustand ist da mein Leitspruch und „Was kann ich tun, damit ich mich ein wenig besser fühle als gerade eben?" ist meine Leitfrage. So lasse ich das Unangenehme hinter mir, ändere, was ich zu ändern habe, um es wirklich hinter mir in der Vergangenheit zu lassen und richte meinen Fokus auf all das Schöne und Gute, das ich erlebe.

Tipp 79

Ich behandle meinen Körper mit Liebe, ich bin mein Körper.

Die hinderliche Trennung zwischen Körper und Geist, die für mich vor allem durch den Einfluss der Kirche auf die Erziehung in mein Leben kam, habe ich überwunden und hinter mir gelassen. Seit ich die Tatsache, dass ich mein Körper bin, angenommen habe, fühle ich mich rundum wohl, gesund und glücklich. Aus diesem Wissen schöpfe ich viel unendliche Motivation für mein bewusstes Essverhalten, mein Bewegungs- und Sportprogramm, meinen fortschrittlichen Wechsel zwischen Anspannung und Entspannung.

Tipp 80

Ich weiß, dass alles, was wert ist getan zu werden, auch wert ist am Anfang nicht perfekt getan zu werden.

Es ist so einfach und so mächtig zugleich. Sobald ich etwas finde, das ich tun will, weil es mir Freude bereitet, weil es mich in die Richtung bringt, in die ich leben will, weg von all dem, das ich gerne hinter mir lasse und hin zu meinen größten Zielen, lerne ich es zu tun. Ich weiß, dass Übung und Training in allen Lebensbereichen wichtige und unerlässliche Voraussetzungen sind, um mein volles Potential zu entdecken und zu entfalten. Ich weiß: Ich verbessere mich jeden Tag und auf allen Ebenen und so weiß ich auch, dass ich, sobald ich eine neue Tätigkeit beginne, in einem Jahr besser darin sein werde als jetzt. Unter einer Voraussetzung: Ich beginne damit und wende es ständig und regelmäßig an. Das ist der Weg zur Exzellenz.

Tipps 81 – 90

Tipp 81

Ich bin mir bewusst, dass meine Körperhaltung und meine Gefühle miteinander verbunden sind. Ich halte meinen Kopf hoch, rolle meine Schultern zurück und bin aufrecht.

Das ist so einfach und ich hatte es sehr oft gehört, bis ich dazu übergegangen bin, diese Weisheit permanent anzuwenden. Es macht mir immer wieder tierischen Spaß zu bemerken, wie schnell es funktioniert, wie tiefgehend ich meinen Gefühlszustand verändere, indem ich meine Körperhaltung verändere. Ich richte mich auf, ich hebe mein Kinn an, ich rolle meine Schultern zurück, ich lächle … und freue mich. Manchmal stehe ich auch auf und bewege mich, manchmal ändere ich den Ort oder die Sitzgelegenheit. Das wirkt.

Tipp 82

Ich schenke mir eine Richtung, in die ich mein Leben leben will.

Ich habe viele Ziele und erreiche sie. Manche meiner Ziele verändern sich auch. Was konstant bleibt, ist die Richtung, die ich meinem Leben gegeben habe. Meine Mission, mein Daseinszweck. Sie ist mir Richtschnur und Kompass zugleich. Ich spüre an meinem Gefühl sehr schnell und intensiv, dass ich am richtigen Weg bin, oder auch nicht. Das eine Mal setze ich mein Verhalten fort, das andere Mal ändere ich es. Und so stelle ich sicher, dass ich mich immer in meiner Richtung bewege und mein Leben voll lebe.

Tipp 83

Ich weiß, dass Ausdauer ein wichtiges Geheimnis meines Erfolges ist.

Tolle Ideen, große Ziele, klare Vorstellungen von dem, was ich nicht will und von dem, was ich will, und ein schneller Start sind wichtige Erfolgsfaktoren. Und dann darf noch die Ausdauer dazu kommen. Sie lässt mich dranbleiben. Wirklich große, dauernde Erfolge verlangen ein Dranbleiben über einen längeren Zeitraum. Der Weg an die Spitze, zur Exzellenz misst sich in Jahren und nicht nur in Stunden. Das gleiche Verhalten immer weiter optimieren und dranbleiben, dafür ist mir meine Ausdauer eine große Hilfe.

Tipp 84

Ich bin mir bewusst, dass mir andere Menschen mit Ihren Rückmeldungen in erster Linie Informationen über sich selbst geben.

Das macht mir kommunizieren so leicht. Mit jeder Äußerung, die ein anderer Mensch mir gegenüber macht oder die mich erreicht, zeigt er oder sie mir seinen oder ihren Blick auf die Welt, seine oder ihre Landkarte von der Welt und bereichert so meine Abbildung der Wirklichkeit und in weiterer Folge meine Optionen. Dafür bin ich dankbar und freue mich über meine Entscheidungsfreiheit, die Teile davon anzunehmen, die ich für mich auch haben will und die anderen an mir vorbei ins Nichts oder zu ihm/zu ihr zurück schweben zu lassen. Ich bekomme Informationen und die sind für mich wertvoll.

Tipp 85

Ich weiß, dass Sprache mächtig ist und trainiere meine liebevolle, positive und produktive Sprache.

Das gilt sowohl für meinen inneren Dialog, für meine Unterhaltungen mit anderen Menschen und für das, was ich schreibe – in Kommentaren, SMS, Mails, Artikeln, Büchern. Genauso wie Tonfall, Sprachmelodie, kongruent und authentisch sein wichtig sind, ist es auch die Wortwahl. Einfach testen ist auch hier eine hervorragende Strategie. Ich mag Wissenschaft und liebe Experimente. Das mache ich auch mit meiner Sprache. Ich beobachte, wie welche Worte, welche grammatischen Strukturen, welche Sprache auf mich wirken und welche Wirkung sie auf andere Menschen hat. Seit dem kommuniziere ich mit mir und anderen viel erfolgreicher.

Tipp 86

Ich habe mich aus der Gewalt der Modaloperatoren befreit. Ich wähle die Modaloperatoren in meinem Leben mit Sorgfalt.

Modaloperatoren sind können, sollen, wollen, müssen, müssten, dürfen, ... und sie haben einen gewaltige Macht. Ich habe es ausprobiert und teste es immer weiter nach. Was ändert sich für mich, in meinem Denken, Fühlen und Handeln, sobald ich die Modaloperatoren in meiner Sprache verändere oder gar ganz weglasse. So eine simple Gegenwartsform wirkt of Wunder. Das ist ein sehr individueller Prozess, das darf jeder Mensch für sich selbst herausfinden. Ich zum Beispiel habe „müssen" und „nicht können" komplett aus meinem Wortschatz verbannt. Und das tut sehr gut. Dürfen finde ich oft nett, oft fühlt sich die Zukunft gut an und sobald ich ins Handeln komme, verwende ich die Gegenwart.

Tipp 87

Ich sehe mich immer im positiven Ergebnis, sobald ich etwas tun will und tue.

Das ist ein Erfolgsgeheimnis, das ich von Marc A. Pletzer, NLP-MasterTrainer, gelernt habe: Menschen, die nicht in die Gänge kamen, steckten im Prozess fest. Sobald ich mir ein Ziel setzte, meinen Weg zur Erreichung plane und darauf losgehe: Ich bin immer im positiven Ergebnis. In meiner Vorstellung bin ich schon angekommen, bevor ich erst beginne. Das hilft mir ungemein und macht mich erfolgreich.

Tipp 88

Ich gebe mir und allen anderen eine zweite Chance.

Diese Weisheit habe ich von Gloria Pettermann mitgenommen, meiner ersten NLP-Trainerin und sie schenkt mir viele tolle Erfahrungen und auch Freundschaften. Ich vertraue meinem ersten Eindruck und gebe jedem Menschen – auch mir – eine zweite Chance. Erst danach treffe ich Entscheidungen. Viele Menschen, die ich sehr schätze, wären ohne diese zweite Chance nie in mein Leben gekommen. Viele richtige Entscheidungen, die ich getroffen habe, sind erst mit dieser zweiten Chance für mich möglich geworden.

Tipp 89

Ich freue mich jeden Tag über den Erfolg eines anderen Menschen.

Am Anfang war das ein bewusster Schritt, den ich Tag für Tag gesetzt habe, jetzt tue ich das auf der anders-als-bewussten Ebene, automatisch. Ich feiere jeden Tag einen Erfolg eines anderen Menschen, meist mehrere. Manchmal sind es Freundinnen und Freunde, mit denen ich mich freue, manchmal auch mir völlig unbekannte Personen. Das tut mir gut, das tut ihnen gut und Freude und Glück vervielfachen sich, sobald wir sie teilen. Das macht ganz viel Spaß!

Tipp 90

Falls ich auf eine Herausforderung treffe, begrüße ich sie als Möglichkeit zu überprüfen, wie weit ich in Richtung meiner Ziele lebe.

Ich betrachte vieles im Leben als Test. Manchmal nehme ich etwas, das ich als Herausforderung betrachte zum Anlass, meinen Einsatz zu erhöhen und ich intensiviere meine Aktivitäten und ich nehme diese Situationen immer zum Anlass zu prüfen, ob ich am richtigen Weg, in meine gewählte Richtung gehe und lebe. Mein Gefühl sagt mir dann, was stimmt und ich verhalte mich entsprechend und bedanke mich.

Tipps 91 – 100

Tipp 91

Ich messe mich und meine Fortschritte immer an mir selbst.

Ich lerne gerne von anderen Menschen, ich modelliere die Struktur ihres Erfolges und vergleiche mich mit dem Tom, der ich gestern war, vor einem Monat, einem Jahr, vor 10 Jahren.

Tipp 92

Ich habe gelernt weder mich noch andere zu bewerten.

Leben ist ein Feedbackmodell. Ich denke, fühle, handle und bekomme Rückmeldungen. Falls sie positiv sind, setze ich mein Verhalten fort, falls nicht, ändere ich mein Verhalten.

Tipp 93

Ich teile meine Freude mit anderen Menschen.

Freude und Glück sind zwei wunderbare Phänomene, die sich desto mehr vermehren, je mehr wir sie teilen. Freude teilen führt zu einer unaufhaltsamen Glücksspirale nach oben, die sich immer weiter verstärkt.

Tipp 94

You go first.

Ich habe die Tatsache angenommen, dass ich die Veränderung, die ich in der Welt sehen will, in mir selbst verwirklichen darf. Ich ändere mich und verändere somit die Welt um mich. Alles, was ich an andere weitergebe, wende ich selbst an.

Tipp 95

Ich habe einschränkende Glaubenssätze durch förderliche Glaubenssätze ersetzt.

Glaubenssätze sind starke Filter, die wesentlich bestimmen, was für Menschen möglich ist. Mit NLP habe ich alte, einschränkende Glaubenssätze aufgelöst und mir neue, förderliche geschenkt. Ich weiß: Für mich ist alles möglich!

Tipp 96

Ich bin mir bewusst, dass ich mein Gehirn permanent trainiere. Egal, wozu ich es benutze, ich werde gut darin.

Ich interessiere mich für die Ergebnisse der modernen Hirnforschung, die eindeutig nachgewiesen hat, dass das, womit ich mich beschäftige, die Entwicklung meines Gehirns bestimmt. Ich trainiere mein Gehirn im neugierig sein, offen sein, im Verbindungen herstellen, im glücklich sein.

Tipp 97

Ich stelle mir regelmäßig die Frage: Was geschieht, sobald ich weiß, dass ich nicht scheitern kann?

Und ich lache jedes Mal aufs Neue dabei. So lustig und so wunderbar zugleich. Dann stürze ich mich mit Begeisterung in meine nächste Aufgabe.

Tipp 98

Ich bin mir immer bewusst, dass die Landkarte nicht das Gebiet ist. Die Wirklichkeit ist um so viel größer als jede Abbildung von ihr je sein könnte.

Ich mag Wissenschaft und ihre Ergebnisse. Ich weiß, dass ich nur einen Bruchteil aller Informationen aus der Außenwelt aufnehme und nur einen Bruchteil der aufgenommen Informationen bewusst bearbeite. So erschaffe ich mir eine Landkarte von der objektiven Welt um mich und die wächst ständig durch neue Erfahrungen, die ich mache und durch Begegnungen und Austausch mit anderen Menschen und deren Landkarten.

Tipp 99

Ich habe meine Prioritäten klar und treffe meine Entscheidungen auf ihrer Grundlage.

Aus der Richtung, die ich meinem Leben gegeben habe, meinen Werten und Zielen leite ich meine Prioritäten ab. Ich habe meine Prioritäten stets ganz klar und entscheide mich so leicht und schnell für die beste Option.

Tipp 100

Ich verwende heilsames Schweigen.

Ja, manchmal sage ich einfach nichts. Egal, wie sinnvoll, hilfreich und gescheit sich mein Gedanke auch anfühlen mag. Manchmal behalte ich ihn oder sie einfach für mich. Und das ist gut so.

Tipp 101

Ich modelliere erfolgreiche Menschen.

Ich freue mich über die Nähe zu erfolgreichen
Menschen. Ich schaue mir an, WIE sie erfolgreich
sind. Ich frage auch gerne nach. Die meisten
Menschen erzählen gerne über Dinge, die sie gut tun.
Dann nehme ich diese Struktur des Erfolges, teste sie
für mich und mache die Teile, die für mich und zu
mir passen, zu einem Teil meines
Erfolgsgeheimnisses.

Vielen Dank!

Vielen Dank an Sie, an alle Menschen, vielen Dank Universum!

Ich habe im meinem ganzen Leben so viel von so vielen gelernt, von Menschen, mit denen ich zusammengelebt, gearbeitet, gefeiert, mich bewegt habe, von Lehrern und Lehrerinnen (ja sogar von denen in der Schule), dass ich heute mein Traumleben lebe.

Ich bedanke mich täglich dafür und dieses Buch, meine „101 Tipps Wie werde ich glücklich und emotional erfolgreich?" sind ein großes Dankeschön.

Ich habe alles, was ich gelernt habe, aufgenommen, umgewandelt und umgesetzt und so bin ich erfolgreich und glücklich, ich bin emotional erfolgreich.

Und so wie ich andere erfolgreiche Menschen modelliert habe und weiter modelliere, gebe ich jetzt meine Erfolgsgeheimmnisse weiter.

Jetzt kennen Sie meine 101 Tipps. Ich wende sie alle regelmäßig an und genieße meinen Erfolg. Ich könnte jetzt erwähnen, dass sich das Glücklichsein, der emotionale Erfolg in allen Gebieten meines Lebens ausbreitet und auch sehr angenehme materielle Begleiterscheinungen hat.

Vielleicht ist Ihnen die Struktur und Gliederung der Tipps aufgefallen. Ich habe bewusst anders-als-bewusst sortiert und die assoziative Reihenfolge, in der mir die Tipps beim Schreiben bewusst wurden, beibehalten.

Das menschliche Gehirn funktioniert vielfach in Assoziationen und so ist Lernen leicht und hirngerecht.

Erfolg, Glück und Begeisterung sind in erster Linie Struktur. Sobald Sie für sich Ihre Struktur, Ihr Muster für Erfolg, Glück, Liebe und Begeisterung gefunden haben, sind auch Sie vor allem mit Genießen beschäftigt.

Nehmen Sie meine Tipps, testen Sie sie. Ich könnte Ihnen jetzt noch empfehlen, vor allem denjenigen Beachtung zu schenken, die sie nicht sofort anspringen und damit würde ich Ihnen gleich noch einen Tipp mitgeben.

Ich freue mich über jeden einzelnen Ihrer Erfolge und sobald einer, mehrere oder auch alle meine Tipps zum Glück Ihnen zu Ihrem Glück und emotionalen Erfolg verhelfen, verdoppelt sich meine Freude nochmals.

Ich freue mich auf Ihre Rück- und Erfolgsmeldungen gerne über meine Internetseite www.be-wonderful.at und auch sehr über eine kurze freundliche Rezension zu diesem Buch auf Amazon. Damit helfen Sie mir und anderen Menschen dieses Buch zu finden.

be wonderful!

Thomas „Tom" Oberbichler

Zwei Gedichte

Zum Abschluss widme ich Ihnen noch zwei Gedichte aus meinem hypnotischen Gedichtband „Wandelnde Worte – Mit Trancegedichten vom Stress zur Entspannung"

Auszug „Wandelnde Worte - Mit Trancegedichten vom Stress zur Entspannung"

Wachstum

Jede Pflanze ist wunderschön
sobald du ihr deine ganze Aufmerksamkeit schenkst

und ich weiß nicht ob dir schon aufgefallen ist
dass die Knospen
Ausgangspunkt für Blätter und Blüten schon im
Herbst gebildet werden
und den ganzen Winter hindurch auf ihren Moment
warten
um angefeuert von den Sonnenstrahlen
sich langsam oder auch schnell
zu öffnen
und ihre eigene Entwicklung zum Höhepunkt zu
bringen

und zum Blatt zur Blüte zu werden
und die Herzen der Betrachtenden zu erfreuen
und den nächsten Schritt in der Entwicklung der
Pflanzen einzuleiten

denn du weißt ja auch die Blüten
sind nur vorübergehend in ihrer Schönheit
und bereiten schon den Samen für die nächsten
Pflanzen vor

du als Mensch bist keine Pflanze
du bist viel mehr

und wie die Pflanzen bildest auch du
immer wieder Knospen
die mit genug Sonnenlicht Wasser Mineralstoffen
und vor allem Liebe
dich erblühen lassen
und dich immer weiterentwickeln lassen
dein Potential entdeckend auslebend und erweiternd

freu dich an allen Phasen deiner Entwicklung
und genieße dein Streben nach Licht
in Richtung
zu deinen großen Zielen hin

in dem Wissen
dass du alles was du brauchst
schon in dir trägst!

Du

du bist schon lange da und jeden Tag neu

du bist bekannt und anziehend

du bist Quelle und Mündung

du bist Brandung und Felsen

du bist Sonnenaufgang und Sonnenuntergang

du bist Feuer und Eis

du bist Knospe und Blüte

du bist Samen und Wurzel

du bist vielseitig und eindeutig

du bist weich und stark

du bist Gelegenheit und Erfolg

du bist schneller als dein Schatten

du bist vertraut und aufregend

du bist überraschend und ein Lachen

du bist bunt und wunderbar

du bist Frühling und Herbst

du bist Winter und Sommer

du lebst

Ende Auszug „Wandelnde Worte - Mit Trancegedichten vom Stress zur Entspannung"

Weitere Bücher von Thomas Oberbichler

Wandelnde Worte – Mit Trancegedichten vom Stress zur Entspannung

Hypnotische Gedichte für Ihre Entspannung und Ihren Erfolg

be wonderful! Emotional erfolgreich mit angewandtem NLP

In kurzen Geschichten lernen Sie NLP (Neurolinguistisches Programmieren) kennen und anwenden

Metaprogramme im NLP erkennen, verstehen, anwenden

Wie Sie erfolgreich mit sich selbst und anderen kommunizieren

Negative Rezensionen, Kommentare, Kritik: So nutzen Sie Feedback erfolgreich

Wie Sie das Leben erfolgreich als Feedbackmodell nutzen und leben.

Mit Vollgas zu Glück und Erfolg: Wie Sie erfolgreich durch ein Leben voller Stress steuern.

Wissenschaftliche Hintergrundsinformationen, Fallbeispiele, Übungen und Gedankenexperimente für Ihren Erfolg.

Sie finden meine Bücher als eBooks und als Taschenbuchausgabe leicht auf Amazon und über meine Internetseite www.be-wonderful.at

Ich freue mich auf Ihren Besuch bei facebook: www.facebook.com/bewonderfulAutorCoach

Folgen Sie mir auf Twitter: @wonderful_nlp

www.ingramcontent.com/pod-product-compliance
Lightning Source LLC
Chambersburg PA
CBHW021933040426
42448CB00008B/1047